LA TRAGEDIE DE PASIPHAE:

Par le Sr Theophile.

QVI EST NOVVELLE, ET n'a jamais esté representée.

A PARIS,
Chez CLAVDE & CHARLES Hulpeau, sur le
Pont S. Michel, à l'Encre Double.
ET
IEAN MARTIN, sur le Pont Sainct Michel,
prés le Chasteau Sainct Ange.

M. DC. XXVII.

AV LECTEVR, Salut.

AMY LECTEVR, l'ardente affection que j'ay de te dôner quelque vtile contentement, & vne morale recreation m'a rendu curieux & conuoiteux de recueillir par tout où ma diligence à eu de l'accez, les plus agreables fruicts Poëtiques que les vierges bourgeoises du sacré Parnasse, ont faict distiller des mielleuses plumes de leurs nourrissons les plus celebres, & les mieux enthousiasmez de ce temps. La lecture que tu feras de ce Poëme dramatique, intitulé Pasiphaé, que je te dedie; te donnera sujet de me remercier de ce que je l'auray exhibé à la veuë du public. L'Argument t'enseignera aussi sommairement ce qui est compris en celuy. Il est tiré du huictiesme liure des Metamorphoses d'Ouide. Plusieurs estiment que ce Poëme est du style de feu Theophile. Vn de ces plus particuliers amys me la assuré, & juré en presence de gens notables, qu'il le fit au commencement qu'il s'introduisit en Cour: I'ay sur son affirmation creu

ã ij

que cela estoit ainsi. Le jugement qu'en ont faict quelques braues hommes m'a fait resoudre à le diuulguer pour tel, à fin qu'il suruesquit son Autheur, soubs les enueloppes de cette Hystoire fabuleuse : il y a vne Mythologie instructiue, qui merite d'estre bien meditée & entenduë. Pour y paruenir (AMY LECTEVR) pren la peine de feuilleter le 5° chapitre intitulé Pasiphaé, du 6° liure des Mythologies de Noël des Comtes. Reçoy de moy cette adresse, & jouys franchement du trauail journalier de ma Presse. Qui ne cessera d'aller son train, pour produire des ouurages exquis qui delecteront & profiteront au Lecteur, en continuant, Adieu.

ARGVMENT.

MInos fils de Iuppiter, & d'Europe, Roy de Crete, vange la mort de son fils Androgée [s]ur les Atheniens & Mégareens qu'ils auoient pro[d]itoirement occis, ils les força à luy enuoyer tous [le]s ans pour tribut sept nobles adolescents, & [a]utant de puceles pour estre deuorez du Mino[t]aure qui estoit dedans le labyrinte, fabriqué par [D]ædale, tandis qu'il faisoit la guerre aux Atheniens, [P]asiphaé fille du Soleil & de Perseis, femme de Mi[n]os, deuint enragément amoureuse d'vn Taureau [b]lanc, auec lequel elle s'accoupla par l'inuention [de] Dædale qui la mit dedans vne vache de bois, de [le]ur accouplement naquist le Minotaure qui estoit [de]my-homme & Taureau. Thesée par le moyen [d']Ariadne qui l'aimoit, entre dedans le labyrinte [&] le tuë ; à fin d'abolir le sanglant tribut que Mi[n]os leur auoit imposé. Dædale se sauue auec des [ai]sles artificielles, pour éuiter la punition : mais [so]n fils Icare pour voler trop haut, cheut dedans [la] mer & s'y noya par sa temerité.

LES ACTEVRS.

PASIPHAE', femme de Minos.
BERSYNTHE, d'amoiselle d'hôneur de Pasiphaé.
ARIADNE, fille de Minos.
PHEDRE, fille de Minos.
1. FILLE ⎫
2. FILLE ⎬ captiuées.
SILVRE.
MINOS, Roy de Crete.
L'ORACLE.
AMBASSADEVRS d'Ægee.
ÆGEE Roy.
CONSEILLER.
NAVTONNIER.
PILOTE.
THESEE, fils d'Ægee.
LES GARDES.
GEOLIER.
DÆDALE.
LA TROVPE des captifs.

PASIPHAE'
TRAGEDIE,
par le Sr Theophile.

ACTE PREMIER.
PASIPHAE', BERCYNTHE, MINOS.
Pasiphaé.

Soleil qui fais tout voir, & qui vois tout au môde,
Cache mon geniteur ta flame dessous l'onde,
Cesse de plus monstrer le jour que j'ay polu,
Couure en courrans le tien mon flambeau dissolu,
Cache aux yeux des mortels un prodige difforme,
D'un monstre tant hydeux l'accouchemens enorme,
Soit de luy la memoire esteinte desormais,
Que nos futurs Nepueux l'ignorens à jamais,
Que d'un reproche tel jusqu'à la moindre trace
Le soubçon odieux s'absente de ma race,
Seule je sois infame, & seule auec mon fruict
J'espouse le tombeau d'vne eternelle nuict,

A

Qu'on taize mon renom, & l'Histoire Tragique
Du plus horrible enfant que vit jamais l'Affrique,
Qu'une Reyne, un prodige au monde ait aporté,
Que d'un Taureau beuglant mes flancs ayent avorté!
O Cieux vous l'auez veu sans me broyer en poudre,
Sans consumer ce lict d'un rouge traict de foudre,
Fend toy terre, englouty la mere auec l'enfant,
Et couure ma vergongne en ton gouffre étouffant,
Que le plancher croulé sous cette couche fonde,
Que le Ciel sur ce toict éclatte & le confonde!
O Dieux si vous auez des feux comme l'on dit,
Versez-les maintenant sur ce couple maudit,
Vous m'estes sourds, cruels, vous n'auez point d'orages,
Capable d'assouuir ma forcenante rage,
Venez fureurs, venez impitoyable essein,
De vos noirs Couleuureaux me déchirer le sein,
Vous me fuyez enfers, mon effroyable encombre
Epouuante l'horreur de la Cauerne sombre!
O méchef, ô desastre, ô comble de malheurs,

Bersynthe.

Madame temperez cét excés de douleurs,
Ne vous laissez dompter à la fureur maistresse,
Opposez la raison aux coups de la détresse,
Vostre desastre est grand, mais ne doit-on souffrir
Tout ce qu'il plaist au Ciel d'encombre nous offrir,
Les malheurs enchaisnez, le fil de nostre vie
Rongent continuels tant qu'elle soit ravie,
C'est du destin puissant l'irrevocable loy
Qui regle également le champestre & le Roy,
Le sort, aage, ny sexe en sa fureur ne flatte,
D'en haut le traict du foudre indifferans éclatte,

sinon que plus souuent il brûle décoché,
Le feste d'vn Cyprés du Ciel plus approché,
Et l'orgueil d'vn Sapin plutost ce feu terrasse,
Que des saux riuagers la cheuelure basse,
De mesme vos grandeurs plus qu'vn peuple fangeux
Exposent vostre chef aux foudres orageux,
Les Dieux pour se montrer à l'Vniuers suprémes,
Souuent comme enuieux frappent vos diadémes :
Car vos Palais Royaux qu'ils font choir à l'enuers,
Croulent plus euidents aux yeux de l'Vniuers,
Vous le sçauez, Madame, & qu'à leur main inique
L'escu de patience est le remede vnique,
C'est le bouclier plus fort encontre tous malheurs,
Et l'antidote seul offert à vos douleurs.

Pasiphaé.

Le remede à mes maux joint à mon infamie,
Ne se presente ailleurs qu'en la parque blesmie,
Helas qu'vn traict du Ciel en foudre délaché
N'a t'il dedans l'enfer mon opprobre caché ?
Les Cieux me l'ont nié, & l'ayde de Lucine
Coupable à releué ma honteuse Gesine,
Quoy donc viuerai-je encor à fin que le remords
De mon crime odieux me liure mille morts,
Non, non, plutost du sort j'accompliray l'ouurage,
Vn juste desespoir dois vanger mon outrage,
Vn poignard aceré me percera le flanc
Pour ma honte noyer d'vn gros fleuue de sang.

Bersynthe.

Dissipez immortels ce tourbillon de rage,
Madame refrenez ce furieux courage,

Renenez à vous mesme, helas voſtre cercueil
Ne peut que rengreger blaſmable voſtre dueil,
Plus affliger Minos le travailler au double,

Paſiphaé.

Ha! ce nom de frayeur l'entendement me trouble,
Minos que je diffame aux races aduenir,
Tant que l'âage mortel aura de ſouuenir,
Que je fais maintenant (enorme vitupere)
D'vn Taureau Mugiſſant eſtre nommé le Pere,
Pourrez-vous le ſouffrir, pourez-vous l'ayant ſceu
Me maſſacrer, la mere, & le monſtre conceu,
Cachant dans vn tombeau qui tous deux nous enſerre,
Le reproche du Ciel, la honte de la Terre.
Ha! je vous preuiendray, j'éuiteray les dards
Que me lancent dé-ja vos furieux regards,
Vous ne me verrez point à l'objet de vôtre ire,
La mort rengregeroit ſon deſtiné martire:
Sus, qu'on m'apporte icy le monſtre que j'ay fait,
Qu'il ſoit d'vn meſme fer auecque moy défait,
Oblige mon Amour de ce dernier office,
Quoy vous me refuſez ingrate, ce ſeruice.
Ainſi vous me tuez, ſous ombre de pitié,
Et pire qu'vn bourreau, je ſens vôtre amitié,
Berſinthe, toy ma chere & ma fidelle Amie,
Toy ſeule en qui ma foy toûjours s'eſt affermie,
Fay paroiſtre aujourd'huy l'amour que cy-deuant,
Ton cœur officieux m'a témoigné ſouuent,
Couronne par la fin ta volonté fidelle,
Prend Bercynthe vn poignard, ne crains d'eſtre cruelle,
C'eſt m'eſtre pitoyable de preſter vn ſecours
Qui ſeul de mes ennuis doit terminer le cours,

Precipitant là-bas aux germaines furies
Mes douleurs qu'aussi je ne puis voir gueries,
Bercynthe derechef, si mon amour t'époint,
Prends vn fer je te prie, & ne m'épargne point,
Que ie sois par ta main d'vn trespas salutaire
Poussée auec le monstre en l'orque solitaire,
Tu n'auras pour cela les Astres ennemis,
Les Dieux approuueront l'homicide commis,
Tu les vanges ainsi, mon offence punie,
Tu vange autant ainsi leur propre ignominie,
Tu priueras Minos de l'objet odieux,
Que luy doit presenter mon fruict prodigieux,
Ainsi tu proueras l'amour de ta maistresse,
Ne cherche point d'excuse où la raison te presse,
Tu restiue coüarde à ce piteux deuoir,
Ne peut donc ma pitié barbare t'émouuoir?
Que veut ta face ainsi contre terre abbatuë?

Bersynthe.

Hé Dieux le cœur me fend, vostre douleur me tuë,
Madame reprenez vos esprits égarrez,
On ne va que trop tost dans les nuicteux marets
Toujours on est à temps sur ce riuage triste
D'où jamais du retour nul ne trouua la piste,
Moy souffrir vostre mort, & que ma propre main
Se vint contaminer d'vn faict tant inhumain,
Ha plustost le trépas preuienne ceste enuie,
Iamais vn crime tel ne soüillera ma vie,
Madame vous mourant je mouray donc aussy:
Mais dieux je vois Minos s'acheminer icy,
Retenez ces sanglots, témoings de vôtre anguisse
Que cét œil plus serain à son abord paroisse.

Minos.

Te revoyant delivre, or Madame je veux,
A la chaste Lucine appandre mille vœux,
A son honneur sacré trois Genisses cornuës
Sur des Autels nouveaux enfumeront les Nuës,
Pourquoy pleurent ses yeux tous ternis de couleur,
Tu reçens quelque pointe encor' de ta douleur,
On y soustient le choc d'une penible entorce,
Deux Soleils suffiront à reparer ta force.
Reprend cœur mon soucy, montre un œil plus joyeux,
Et me dis quel enfant nous ont donné les Cieux,
Si quelque fruict naissant a bien-heuré ta couche,
Mais quels profonds soupirs s'exalent de ta bouche;
C'est un nouveau surgeon de ton sexe produict,
Tu n'as pas accouché d'un moins aymable fruict,
Sage autant que la Mere, & semblable de forme,
Et d'un esprit Royal à tes vertus conforme,
Nous avons trop dequoy nous contenter heureux,
Mais je voy qu'un chacun lamante douloureux,
On ne me répond rien, quel funereux esclandre
M'annoncent tant de pleurs que je vous voy respandre,
Mon esprit étonné d'un soubçonneux martel,
Presage de l'enfant l'accouchemens mortel.

Pasiphaé.

Pleust au Ciel rigoureux qui fait que ma paupiere
Honteuse malgré moy, regarde la lumiere
Fust la mere & l'enfant sous un mesme destin
De l'Erebe gouffreux le desiré butin.

Minos.

Quel desespoir vous tient, quel étrange manie
Le frein de vôtre esprit si fierement manie

vous & vôtre fruict la tombe souhaiter,
voit leurs fans hideux les ourses allaiter;
est offencer Nature, & plus qu'une lionne,
lus qu'un cœur de tygresse auoir l'ame felonne,
us le deuez aymer, c'est vôtre propre sang,
st-ce un prodige énorme éclos de vostre flanc.

Pasiphaé.

elas vous l'auez dit, un prodige farouche
 diffamé naissant nôtre royalle couche.

Minos.

Dieux qu'ay-je entendu ? c'est un songe trompeur,
 vainement passé, m'emplist l'ame de peur,
e dittes-vous au vray qu'une engeance brutalle
ns vôtre lict pollu voit son heure natalle.

Pasiphaé.

témoignage prompt, autant vray qu'odieux,
 pourra que trop tost vous en venir aux yeux.

Minos.

 quel monstre est-ce là, quelle force mêlée,
nd du portraict humain la forme maculée.

Pasiphaé.

 n'enquerez plus ma langue sur ce poinct,
ffroy du souuenir qui furieux m'époint,
use le recit de ses piteux encombres,
 ne suis-je dé-ja parmy les vaines ombres.

Minos.

vens-je voir que c'est, qu'on me le monstre icy,
lires des enfers, quel prodige est-ce-cy,
la le dos d'un bœuf joinct à la face humaine,
teurs de l'Vniuers, cohorte souueraine,
x équitables Dieux qu'auons-nous sans forfait
 souffrir de vôstre ire un si terrible traict,

Peres de la Nature, impitoyables peres,
De quels si grands pechez se vangent vos coleres,
Combien faites vous voir que les plus forts humains,
Fléchissent impuissants sous vos divines mains,
Qu'un diadéme d'or ne guarantit nos testes,
N'exempte point les Rois des coups de vos tempestes,
Que vos fleaux sur tous s'étendent icy bas,
Bien jugés immortels, je n'en murmure pas,
Ie souffre patiant des malheureux desastres,
Exposé criminel à la fureur des Astres,
Ie sçay que dés le bers nos destins mal-faisans
Devident en peché la course de nos ans,
Que dans le large rond que l'Ocean enserre,
Le chef du plus devot est digne du tonnerre,
Balançant nôtre offence à la punition,
C'est le soulas vnicque en nostre affliction.

Pasiphaé.

Diffamez d'vn opprobre honteux à la memoire,
Qui jusqu'aux ans derniers aura sa tache noire,
Que sert de reclamer les Deïtez des Cieux,
Que sert d'vn vain soulas le miel fallacieux,
Le mal est sans remede, & quoy que l'on essaye,
On ne guarit jamais vne incurable playe,
De moy du seul trépas j'espere le confort
Qui m'emporte, ombre vaine aux rives de la mort,
Cher époux par l'ardeur dont vous m'avez cherie,
Ecoutez donc ma voix dolente qui vous prie,
Par tout ce que de moy vous eustes jamais cher,
Que vâtre bras me face en l'orque trébucher,
On ne peut d'vn pardon flatter ma forfaicture,
I'ay blasphemé l'Amour, j'ay violé Nature,

Ie m'expofe au fupplice ; helas fupplice doux,
Si deformais du Ciel il calme le courroux,
Pourquoy m'épargne tant vôtre ame pitoyable.

Minos.

Il me faut donc mourir égallement coulpable,
Non, non, pourquoy voudroient nous imputer les dieux
Ce que nature errant a fait de vicieux,
Outre qu'en defefpoir fe bourreler foy-mefme,
C'eft irriter des dieux la majefté fupresme,
Offencer leur juftice, & volontairement
Chercher d'vn d'Ixion le jufte chaftiment,
Les dieux tiennent la vie & le trépas des hommes,
En ce globe mortel à telle loy nous fommes
Au fentier de nos jours borné de leur compas,
Nous ne fçaurions hafter ny retarder nos pas,
Témoigner à l'encontre vn obftiné courage,
N'eft que montrer fans fruict le fiel de nôtre rage,
Enflammer leur courroux, & foubs ombre de dueil
Brauer leurs cœurs diuins d'vn temeraire orgueil,
Tempere (mon fouci) la colereufe enuie
Qui te fait en fureur tant abhorrer la vie.

Pafiphaé.

Vos propos tous confits de diuine faueur,
De mon efprit remis allente la ferueur,
Pour vous je ne verray la ftigieufe rame,
Pour vous je traineray ma langoureufe trame :
Mais ce monftre enfanté, mon diffame peruers :
Comment le reculer aux yeux de l'vniuers ?

Minos.

Dans le profond enclos d'vne cauerne fombre,
Où s'épande toufjours l'obfcurité de l'ombre :

Il faut le renfermer, & là secrettement
Du vivre journalier luy fournir l'aliment
De quelque ouvrier expert l'industrie subtille
A cét ouvrage icy doit s'employer vtile.

Bersynthe.

Vn Dedalle nommé sur tous industrieux,
Sçait bâtir des prisons en tours ambagieux,
D'irremeable accés, c'est vn creux labirynte
Propre à vostre dessein.

Minos.

va le trouuer Bersynthe,
L'affaire t'est commis, dis luy qu'au plus soudain
Pour complaire à mon veüil y soit mise la main,
Tandis en vos trauaux consolez vous Madame,
Ne donnez en butin à la douleur vôtre ame,
On voit finir le mal souuent recompencé
D'vn contraire bon-heur qu'on à jamais pensé.

Pasiphaé.

Ainsi puissent les Dieux d'vne liesse prompte
Enseuelir benins ma tristesse & ma honte.

ACTE SECOND.

Minos, Silvre, Oracle, Ambassadevrs.

Minos.

Batu d'vn coup du ciel espouuantable effroy,
Qui superbe se vante vn vain tiltre de Roy,
De qui croit la couronne vne capable roche
Pour émousser les traicts que Iupiter décoche,

J'apprends helas j'apprends que les Astres tousjours
Regorgent de méchef pour malheurer nos jours,
Ainsi doresnauant tes flames radieuses
A mes jours beau Soleil éclattent odieuses,
Ainsi doresnauant mon ame n'a d'object
Qui ne luy soit d'ennuy lamentable subject.
Rien ne s'offre à mes yeux qu'encombre, & les delices
Plus douces de ma court ne sont que des supplices
Tout ce qui plus joyeux s'oppose à ma langueur
De mon dueil incurable augmente la rigueur,
Mon cœur traisnant du Ciel la coloreuse fleche,
Porte tousjours la main à sa recente bréche,
Se propose tousjours & gemit en horreur
De nature & du Ciel le monstrueux erreur,
Vn prodige germé de ta Royale souche
Vn Taureau dont ta femme honteusement acouche,
D'effroy ce souuenir herisse mes cheueux,
Et me reuient tant plus esteindre je le veux
Qui desormais en Crete, ô toy Reyne des Isles,
Doit regir apres moy tes populeuses villes?
Mon Androgée est mort, & mon sang odieux,
Ne germans peruerty qu'un fruict prodigieux,
Androgée vn patron des Princes magnanimes
Que l'Ardenois poussa dans les nuiteux abismes,
Ha! ce forfait m'emplit d'eternelle rancœur,
Et tousjours d'un dépit m'en fait seigner le cœur,
Aussi tant qu'un Soleil éclairera le monde,
Tant que sera mon regne environné de l'onde,
Ma vengeance funeste empreinte de terreur
Les battra criminels du traict de ma fureur,
Flagellez par ma dextre en courroux estenduë,
Ils porteront la peine à leur offence deuë.

Ou Minos cessera de commander icy,
Ou Minos cessera de respirer aussi.

Silure.

Sire, leur crime est grand un suplice condigne
Ne punira jamais leur trahison insigne,
Ils ont trop outrageux forfait à l'equité
Pour rendre leur méfait des peines acquitté,
Le bruict sanglant du meurtre enfle à tous le courage,
Espoint tous vos subjects de vengeresse rage,
Il n'est celuy de tous, tant ce rancœur nous touche
Qui son chef courageux n'expose à l'escarmouche,
Qui ne se porte ardant ou plus sur les soldars,
Greslent de tous costez les flames & les dards,
Qui n'espendit son ame alors toute allegée,
Vôtre injure une fois sur l'ennemy vangée,
Vous en avez tesmoings ceux qui ja deleguez
Ont d'un premier effort les traistres subjuguez,
Ont fait couler du sang dans les valons d'Ardée,
Ainsi que d'un torrent la vague débordée,
Ont élevé de morts un monstrueux bucher,
Ont fait plus d'ennemis en l'Orque trébucher
Que de fleurs au printemps n'abbat dessus la plaine
De l'Aquillon grondant la froidureuse haleine,
Plus que dans l'Iberie au bois demy mourant
N'arrache de cheveux l'Automne devorant,
Plus qu'on ne voit au Ciel de ses lumieres sombres
Quand la dive aux trois noms a fait venir les ombres.

Minos.

Helas! mais ce carnage aux armes mutuel
Redonde jusqu'au miens égallement cruel,
Desja tant de milliers de valeureux gens-darmes
Tombent à mon subject sous les contraires armes,

Mon Royaume desja se comble d'orfelins,
O Mars que tes effets nous ont esté malins.

Silure.

Rehangeant un affront dont le sort nous afflige
A un second malheur nostre malheur s'oblige,
Nous ne faisons ainsi qu'exaler un courroux
Autant qu'à l'ennemy pernicieux à nous,
Aueuglement poussez par le vent d'une rage
Sans amander le mal, sans reparer l'outrage,
Car mille & mille corps pour quitter leurs esprits
N'en sçauroient ranimer un que la Parque a pris,
Tous vos subjects offerts en sanglante hecatombe
Ne sçauroient Androgé rapeller de la tombe
On ne reuient jamais ayant franchy ce pas,
Car nôtre jour éteint ne se ralume pas,
Ainsi le traict grondant élance du tonnerre
Quand le Ciel depité veut chastier la terre,
Ne se rappelle point, & son mortel effet
Ne peut non par les Dieux jamais estre defait,
Arrestons donc le cours des riuieres coulantes
De tant de sang puisé dans nos troupes mourantes,
C'est trop donner de temps à nos vaines fureurs
C'est donner trop d'espace à nos louches erreurs.

Minos.

Comment ne les punir n'en laisser un exemple
Ou la posterité d'aage en aage contemple
Leur supplice effroyable à l'injure pareil,
I'attefte les rayons du lumineux Soleil,
Ses rayons innocens dont la candeur outrée
Rebroussa dans le Ciel pour le crime d'Atrée
Qu'un acte si perfide impuny ne sera
Que ma fureur contr'eux jamais ne cessera,

Qu'il faut que leur couronne ou la mienne finisse
Parauant qu'vn lien de paix nous reunisse.

Silure.

Veu qu'ils vous sont venus la trefue proposer,
Au moins vn peu de temps l'armée reposer,
Ne sera que le mieux,

Minos.

     si ie permets la trefue
Pour refaire mon camp il faut qu'elle soit brefue,
Vn siecle passera tandis chaque moment,
Mais quel éclat de feu ouure le firmament.

L'Oracle.

Escoute prononcer juste Roy de la Crette,
De l'oracle des Dieux ce que leur voix decrette,
Ton fils dedans l'horreur du Tartare reclus
Tant de sanglants regrets ne te demande plus
Voyant tant de guerriers dans l'Acheron descendre
Tous les jours immolez à sa muette cendre,
Il se plaint vers le Ciel, accuse son destin
De l'auoir fait Auteur d'vn combat si mutin,
Gemit que ta grandeur peu à peu diminuë
Ainsi que ta fureur sanglante continuë,
Qu'en bref toute ceste Isle est au fief d'Atropos,
Ses Manes pour cela jamais n'ont de repos,
Tousjours sont agittez de ses facheuses craintes,
Et poussent vers le Ciel mille piteuses plaintes,
Le Ciel importuné des cris de son malheur
Les immortels touchez de sa juste douleur
Ordonnent vne paix à ceste dure guerre
Qui fait horreur au Ciel & frayeur à la terre,

Met la Mer en colere, & en trouble l'Enfer,
Cesse donc par les Dieux de flames & de fer,
Donne, car c'est du Ciel la volonté mandée,
Non seulement la trefue aujourd'huy demandée,
Mais vne entiere paix ottroye à l'ennemy,
Et soulage ton fils au Cocyte blémy,
Ton fils de qui pourtant les cendres outragées
Sur les traistres seront cruellement vangées,
Sans qu'il faille à cela tes lames aiguiser
Sans qu'il faille le sang de ton peuple puiser,
Et noyer le supplice aux aages memorable,
Ordonne pour punir leur Cité miserable,
Tu auras un tribut de leurs propres enfans
Qui te viendrons leur vie apporter tous les ans,
De l'un & l'autre sexe un sanguinaire hommage
Des Manes de ton fils reparera l'outrage,
Sept vierges & sept fils qu'ils éliront au sort
En Cretee tous les ans s'en viendront à la mort,
Le monstrueux enfant dont ta femme accouchée
D'un opprobre eternel à sa maison tachée,
Se paistra de leur sang ce monstre my-taureau
Deuant tes yeux vangeurs en sera le bourreau
Au labyrinthe obscur ou tu l'as fait enclore,
Il jeusnera deux jours auans qu'il les deuore,
Puis estant de la faim à la fureur reduit,
Il aura ce butin à sa rage conduit,
Ainsi sera le dol de l'ennemy perfide
Puny de cent trépas pour vn seul homicide
Leur honte aussi jamais ne couurira l'oubly
A telle loy sera vôtre accord éstably,
Ainsi me l'ont dicté les gouuerneurs du pôle,
Ne sois donc point rebelle à leur saincte parole,

Fay ce que je t'anonce, & que sans contredit
S'execute au plutost l'Arrest que ie t'ay dit.

Minos.

Sacré nonce des Dieux oracle de Iustice
O saincte voix du Ciel que tu nous est propice,
Donc maintenant de nous s'absente le danger
Donc vous prenez le soing, ô Dieux, de me vanger,
Mille graces par moy d'immortelle memoire
Rendront ce benefice à nos nepueux notoire,
Ie vous veux obeir & mon courage est prest
D'executer heureux vôtre diuin Arrest.

Silure.

Bon heur inesperé qui me comble de joye,
Mais quel peuple éstranger aduance icy sa voye
Sire, tout à propos voicy l'Ambassadeur
Qui de trefue autrefois vous fut le demandeur.

Ambassadeurs.

Abatus à vos pieds justemens ennemis
Pour l'horrible forfait que nous auons commis
Nostre voix d'un pardon honteusement vous prie,
Pour l'honneur ruyné de toute la patrie,
Par nos murs desertez par nos foibles remparts
Qui de bréches creuez font ventre en mille parts,
Par le sang qui rougit nôtre terre enyurée
A la fureur de Mars entierement liurée
Par les Dieux, par le los du merité renom
Dont la saincte clemence honore vostre nom,
Temperez la fureur de vôtre ire equitable,
Calmez vôtre vengeance affreuse & redoutable,
Finissez nos trauaux retirans le méchef
Et les tourmens hideux qui pressent nostre chef,

Ne veüillez sans profit & sans nul advantage
Exercer plus long temps cet impiteux carnage,
Au moins prenez pitié de vos propres guerriers
Que l'Enfer tous les jours engloutit à milliers,
A vos dépens d'autruy ne causez le dommage,
Plus vous exigeant un tribut un hommage,
Nous imposant de peine à chasser ce malheur
Autant que de nos biens peut fournir la valeur
Nous ny refusons point sans estre refractaires,
Nos plus beaux revenus à vos pieds tributaires,
Nous vous apporterons, si payans nos moyens
Nous vivons de nos mœurs paisibles citoyens.

Minos.
Ie demande un tribut que le Ciel mesme ordonne
A telle paction le crime je pardonne.

Ambassadeurs.
Puis que le Ciel le veut Monarque nous voicy
Si vous le trouvez bon pour l'approuver aussi,
O Dieux que je redoute, un presage funeste
Me fait craindre d'un traict de la rigueur celeste.

Minos.
Ce tribut que le Ciel m'enjoint vous imposer
Pour d'une entiere paix nos discords appaiser,
Est tel que tous les ans du sang de vôtre ville
Quatorze enfans viendront recevoir en mon isle.
Un trépas innocent pour vos chefs criminels,
Et vous observerez ces pactes eternels
Dons sept vierges sept fils ma victime asservie
Me viendront tous les ans sacrifier leur vie,
Vous me serez tenus de cet hommage là,
Les Dieux en leur decret ayans conclud cela.

C

De mon sang malheureux font vn prodige naistre
Dont la faim vos enfans sont destinez à paistre,
Aduisez d'accepter l'accord venu des Cieux,
Rebelles reprouuans la sentence des Dieux,
Leur ire se renflame, & mon cœur se ralume
Pour vous persecuter plus qu'il n'a de coustume,
Vous verrez de renfort mes bataillons doublez,
Serez de ma fureur plus que jamais troublez,
Sans mercy, sans espoir de reposer encore,
Cét offre & soit juré par le Ciel que j'adore.

Ambassadeurs.

O vengeance du Ciel, ô Justice cruelle,
O pour nos citoyens effroyable nouuelle,
Allons leur rapporter les pactes proposez
A ce cruel accord les rendre disposez.

ACTE TROISIESME.
ÆGEE, AMBASSADEVRS, CONSEILLER, NAVTONNIER, THESEE, FILLES.

Ægee.

Pour vn meurtre commis ô celeste malice
Nous auons trop souffert ce rigoureux supplice,
Durera-t'il tousjours, le carnage & le feu,
N'ont-ils encor soulé l'insatiable Enfer,
Caron d'eust estre las de passer les cohortes
Des esprits separez de nos brigades mortes

En ce siege cruel des soldats égorgez
Se sont mille ruisseaux dans l'Orque dégorgez.
Helas! depuis le jour que le flambeau du monde
Esclaira le cahos de sa premiere ronde
Les Cieux n'ont point versé de desastre pareil,
Si dure cruauté ne fut sous le Soleil,
Non pas du premier jour du siege des Pergames,
Iusqu'à la triste nuict de ses meurtrieres flames,
Lors qu'enfans pere, mere, & les vieillards plus vieux
Se virent égorgez dans le Temple des Dieux,
Quand l'honneur demoré de leur ville fameuse
Soula l'ire du Ciel en victime fumeuse
A l'effroyable horreur du comble de leurs maux
Nos malheurs comparez se trouueront égaux,
Iniustice du Ciel pour si legere injure
Que la punition se prend bien à l'vsure:
O barbare Minos resource de nos maux,
Combien iuge equitable on se renomme à faux,
Execrable tyran moins doux que Diomede,
Qui d'vn Busire fier les cruautez excede,
Iamais tout son venin ton cœur ne vomira,
Ta sanguinaire soif iamais ne tarira,
Ny ne verrons iamais ta cholere flechie
Tes scadrons asfamer nostre terre affranchie,
Que veux-tu plus de nous oppressez de la faim
La mere ses enfans denore au lieu de pain,
Nos murs sont tous deserts la campagne se noye
Dans nostre sang versé qui par fleuues ondoye,
Tes guerriers ont leur part en nostre inique sort,
E'gallemens par toy victimes de la mort,
Ton mal-heur peu s'en faut au nôtre se parie
Il est temps, il est temps de brider sa furie,

C iij

Nous sommes criminels du malheureux trepas
Qui ton fils Androgée a fait tomber là bas,
Il est vray mais aussi nous promettons d'amande
Tout ce qu'à l'expier ta rancueur nous demande,
Prends ce qu'il te plaira exige sans pitié
De tous nos revenus, la plus riche moitié,
Ie iure par les Dieux que plus grands ie revere
Retirant de nos chefs ce chastimant seuere
Nous te l'accorderons, mais n'apperçois-je pas
Les deputez vers luy tourner icy leur pas,
A quoy s'est resolu ce Monarque de Crette.

Ambassadeurs.

Que toute la patrie à lamenter s'apreste
Que ne suis-ie chetif au dernier de mes iours.

Ægée.

Quoy veut-il persister en la guerre tousiours ?

Ambassadeurs.

D'un contraire malheur la guerre terminée,
Il tient nôtre Cité sous son joug dominée,
Il accorde la paix, mais sous des pactes tels
Qu'on esliroit au pris les combats plus mortels.

Ægée.

Ie ne vois point de sens en ce douteux langage
Ouure nous plus à plain ton funeste message.

Ambassadeurs.

Humbles d'œil & de voix, & ployans les genoux
Nous auons veu ses yeux enflamez de courroux
Ainsi qu'une Lyonne aux forests de Memée
Descouurant un Cheureüil dans l'ombreuse ramée
D'une voix en courroux comme un foudre éclattant
Auant qu'il soit de nous vn seul mot écoutant.

Ha méchants, nous dit-il, execrables perfides,
M'osez vous poluer de vos yeux homicides,
A son regard troublé d'un criminel remords
D'avoir poussé sa race au Royaume des morts,
Nous ouvrons la parolle, & tombez sur la face
Requerons d'un pardon sa pitoyable grace,
Luy dépeignons aux yeux le long siege inclement
Qui son peuple & le nôtre opprime également,
Conjurons sa pitié par le renom de juste,
Qui rend son nom fameux par l'univers auguste
Qu'il luy plaise une paix en fin nous accorder,
Et le forfait commis d'un tribut amander,
Le prions qu'à son choix il exige un hommage
Alors de la frayeur m'étouffe le courage.

Ægée.
Achevz & vous apprends quel fardeau si pesant,
Quel tribut si cruel il vous est imposant?

Ambassadeurs.
Un tribut ordonné par le couroux celeste,
Un Autel de Busire un repas de Thieste,
Un oracle du Ciel pour nos debats finir,
Et d'un supplice deub nôtre crime punir,
Las ce cruel tyran expressément commande
Que nôtre propre sang luy soit donné d'amande.

Ægée.
O tribut execrable! horrible nouveauté!

Ambassadeurs.
Que nous soyons tenus extreme cruauté
Qui fait que tout mon sang dans mes veines se fige,
Paistre de nos enfans la fureur d'un prodige,
D'un monstre my-taureau l'abominable fruict
Que nature en horreur de son germe a produit,

Il faudra chacun an que quatorze de nombre
Viennent porter leur vie à ce mortel encombre
Que sept de chaque sexe en leur aage plus beau
Presentent leur gosier à ce monstre bourreau,
Tel hommage le Ciel enjoinct qu'on leur octroye.

Ægée.

Barbare Iupiter, tonne, éclatte, foudroye,
Décoche tous les traicts du boiteux forgeron
Pour m'enuoyer victime aux gouffre d'Acheron.

Conseiller.

C'est le decret des Dieux, & leur sentence expresse
Ordonne à tel effet eschanger nostre oppresse
L'affaire est bien pesée il vous est bien meilleur
D'appointer à ce prix moindre en est le malheur,
Que non pas tous mourir, & que perdre l'Empire
„ De deux malheurs au choix, il faut laisser le pire
Qui pourroit s'acquitter en l'hommage du Ciel
Pour fondre en quelque Autel un offrande de miel,
L'homme le plus auare enyureroit les nuës
Pour le sang épargner de ses trouppes cornuës,
Ainsi seroit bien sot le vassal qui rendroit
Deux tributs à son Roy pour un seul qu'il luy doit.
Que sert-il d'employer beaucoup à vne affaire
Qui pourroit aussi bien auecques peu ce faire,
Si quatorze trepas de nos enfans liurez,
Peuuent rendre un millier de peuples deliurez,
Pourquoy de nôtre sang épandre dauantage,
Pourquoy ne vous sous-mettre à si leger hommage?

Ægée.

Hommage si leger, & de quel autre faix
Plus pesant pouuoient-ils surcharger ceste paix,

Tu le nomme leger, & dans l'ombreux Royaume
Le roc Siſyphean n'eſt au pris que du chaume,
Tu le nomme leger, & je ſerois moins las
Sous le faix d'Encelade ou ſous celuy d'Atlas.

Ambaſſadeurs.

Il me ſemble leger & ſa peine moins dure,
Puis que ſa cruauté d'vn nombre ſe meſure
Qu'il vaut mieux deux fois ſept que deux fois mille offrir,
Que certains du malheur que nous deuons ſouffrir,
On prend pour ſi reſoudre vn ſoulas profitable
Vn mal que l'on preuoit n'eſt pas ſi dommageable.

Ægée.

Ridicule ſoulas & que peut profiter
De preuoir vn malheur qu'on ne peut euiter?
Au contraire certains de nos futures pertes
La rage nous fait voir les ſanglantes offertes
De nos enfans meurtris vne frayeur touſjours,
Vn deſeſpoir ſecret accompagne nos jours
Sans trefue, ſans repos cét infernal hommage
Roulera par nos yeux ſa funereuſe image,
Chacun craindra touſjours que ſon fils deſtiné
Ne ſoit traiſné ſanglant du Taureau butiné.
O rage, ô creue-cœur, ô monſtre de miſere,
Que le Ciel que l'Enfer auorte de colere,
Dieux non pas de clemence, ains de ſeuerité.

Conſeiller.

Debattre aux immortels n'eſt que temerité,
Souffrons puis qu'il le faut leur ſanguinaire enuie.

Ægée.

De nos fils innocens ſacrifier la vie,
Immoler les chetifs qui n'ont rien merité,
O meſchef incroyable à la poſterité,

Bourreaux de nostre sang de nos mains violentes
Arracher les enfans à leurs meres dolentes
Pour les abandonner à ce monstre beuglant
Qui en fera sa proye & son repas sanglant.
Contraindre à tel tribut nos ames parricides,
N'est-ce nous rendre ainsi de nous mesme homicides,
C'est forcer la nature & pour complaire aux Dieux,
Violenter les loix de la terre & des Cieux,
Les Dieux se vont ainsi contrariants eux-mesmes.

Ambassadeurs.

Cessez grand Roy cessez vos cholerez blasphemes
Ne veuillez le vouloir des Dieux examiner

Ægée.

Ha! je ne puis icy mon ire dominer.

Ambassadeurs.

Vn courroux inutile on doit sage restraindre
Alors qu'il est permis tant seulement de plaindre
Icy nous ne pouuons que seulement pleurer
Les malheurs que les Dieux nous forcent d'endurer.

Ægée.

Ie ne sçaurois ployer à leur voix inhumaine.

Ambassadeurs.

Il le faut pour gauchir à plus cruelle peine.

Ægée.

Est-il rien plus cruel que son sang immoler.

Ambassadeurs.

Ouy de voir vn païs de peuple desoler,
Perdre toute la terre & vostre loy soumise,
Qu'on sauue auec ce peu de victime requise
On ne le doit nier, car ne l'accordans pas
Pour cela vos enfans n'echappens du trépas,

Ils ne feront ainsi qu'en leur cendre mourrie,
Mourir des feux meurtriers de toute la patrie,
S'ils meurent plus heureux ce sera que mourans
Ils ce verront suiuis de beaucoup de parans,
Ne voyez vous les traicts de la fureur diuine
Qui menassent nos murs d'vne entiere ruine,
Minos s'est resolu d'enuoyer du renfort
Pour redoubler son camp & nous presser plus fort,
Puis les Dieux plus à craindre ordonne vostre crime,
S'expier sanguinaire en sanglante victime.

Ægée.

O terre desastreuse! ô peuple mal-heureux!
Payons donc au tyran le tribut funereux,
Versons luy nostre sang propitions les manes
De son fils qui ce plaint aux riues stigianes,
De son fils dont le meurtre empraint au souuenir
A mes yeux effroyez ne cesse de venir,
Allons signifier à la ville estonnee
Ceste sanglante paix contre nos vœux donnee,
Et commettant au sort le troupeau innocens,
Choisir ceux qui feront vn hommage recent,
Enuoyons mes amis à ses mortelles peines
Quatorze enfans tirez des familles d'Athenes.

Conseiller.

O iustice cruelle! ô destins irritez,
En quel enfer de maux nous auez vous iettez,
Toy qui conduict des Cieux le grand tour ordinaire,
Pere Saturnien Majesté debonnaire:
Et vous tous immortels dont l'amour infiny
Pour nos crimes de nous ne fut jamais bany,
Moderez nous vostre ire, & d'vn sort pitoyable,
Bornez de peu de temps le suplice effroyable

Que ce premier hommage à l'ennemy rendu,
Nostre sang au toreau ne soit plus espandu,
Et faictes Dieux benins que mon enfant vnique
A ce tourment hideux auiourd'huy ne s'applique;
Ainsi vous arrachez deux ames à la mort:
Car de mon fils perdu i'espouserois le sort.
Ainsi ie vous promets ma requeste obtenuë,
De vœux continuels importuner la nuë
Aux autels errigez en nos sainctes maisons,
Des victimes brusler en toutes les saisons,
Plus d'offrandes payer que le Printemps ne donne
De verdoyans cheueux aux rameaux de Dodone,
Vous verser plus de sang dans ce vagueux enclos,
Que Neptune profond n'embrasse pas de flots
Faire fumer d'encens vn plus riche nuage,
Que n'en fit le brasier du Dardanois pillage.

      Nautonier.

 Entrez pauures agneaux destinez à l'autel,
Receuez de mes bras vn seruice mortel,
D'vn Pilote contraint à ce cruel office
De porter vostre vie au sanglant sacrifice,
O batteau mal-heureux! ô funeste auiron!
Digne de ne seruir qu'en l'esquif de Charon
De répandre les flots, les Noirs flots de la parque,
Pourquoy me suis-ie apris à conduire vne barque
A me cognoistre expert à la route des flots:
Mais pourquoy seul choisi d'entre les matelots,
Deuois-ie estre le chef d'vn si piteux voyage,
Où ie n'ay point d'espoir qu'en celuy du naufrage.
Que d'attendre les cieux par pitié s'alumer
D'vn orage impiteux qui nous fasse abismer.

Thesee.

————— Cesse tes cris Naucher retient ta voix peureuse,
Nostre ame par la mort aujourd'huy bien-heureuse
S'envole dans les cieux & laisse nos beaux iours,
Couronnez d'vn laurier qui verdira tousiours
Nous vivrons d'aage en aage, & la voix de memoire
De nos noms à iamais rechantera la gloire,
Vous pleurez mes amis à quel plus beau destin,
Pouuoit le bon Demon reseruer nostre fin,
Mourir pour la patrie, & c'est tout l'aduantage
Qu'ont les mignons des Dieux leur plus bel heritage,
Il faut prendre courage & le trespas souffrir,
Auquel vient auec nous l'honneur mesme s'offrir.

Vne fille.

De ce monstre bourreau l'imaginé visage,
Se presente à mes yeux, me transit le courage,
Me glace tout le sein de mortelles terreurs,
Et desia de l'Enfer me fait voir les horreurs.

Vne autre fille.

Dieux on nous fait mourir

Thesee.

estes vous ignorantes,
Des trois fatalles sœurs qui sont tout deuorantes,
L'vne tient la quenouille, & l'autre le fuzeau :
Mais la troisiesme porte vn funereux cizeau,
Qui selon que les Dieux ont mesuré nostre aage,
Prompte coupe la trame & finit son ouurage,
Croyez vous tousiours viure au terrestre seiour :

Fille.

Mais en vostre Printemps nous est rauy le iour.

D ij

Thesee.

Et c'est en quoy les Dieux vous obligent encore,
La vieillesse d'ennuis ainsi ne nous devore,
Nous ne sçaurons que c'est d'vn continu cracher
Qui nous vient les poulmons en phlegmes arracher,
D'estre sourds, chassieux, & glassez d'vn catherre,
Bref de traisner vn corps qui n'est rien que de terre,
Entrer au monument aussi secs que les os
Qui depuis tout vn siecle y demeuroient enclos.

Fille.

Mais nous mourons sans mal d'vne mort violente.

Thesee.

C'est pour vous exempter de quelque fievre lente,
D'vn sincope subit ou d'vn ardent poison,
Maux qui font par le corps malade la raison,
Affoiblissent l'esprit, plongent dessous la lame
Auec la cendre morte vne grand' part de l'ame,
L'empeschent de voler à l'immortalité
Estouffant de ses feux la noble qualité:
Mais vous, graces aux Dieux & à l'heureux encombre
Qui vous pousse en bas aage en la demeure sombre,
Euitons ce danger nostre esprit sain & fort
S'oppose courageux aux effrois de la mort,
La mort qui n'a de mal n'y d'accez difficille,
Fors c'il qui nous y monstre vne peine inutille,
Qu'est-ce qu'vn pas soudain, on a plus de tourment
Au chemin de la mort qu'à son propre moment,
Il nous y faut resoudre; Or sus troupe cherie
Qu'auez vous, le destin m'immole à la patrie,
Ne monstrez plus icy le courage retif,
Il se faut esiouyr du glorieux motif,

29

Qui nous porte à present sur les vagues humides,
Apprenez à me voir à n'estre plus timides
Sus que l'ancre levee on demare ce bord.

La troupe.

Adieu donc pour iamais, Adieu aymable port.

Thesee.

Adieu chere patrie

Le Pilotte.

ha le dueil qui m'entame,
Dans mes bras tramblotans fait chanceller la rame,
Courage Nautonnier ramons bien d'vn accort,
Où tend nostre sentier

Nautonnier.

vers l'estoille du Nord,
Ayant passé la coste on haussera les voilles.

Thesee.

Monstrez nous clairs iumeaux vos germaines estoilles
Esclairez nostre course & conduisez nos pas
Soubs vos astres suiueurs iusqu'au point du trespas.

ACTE QVATRIESME.

ARIADNE, LES GARDES, LES FILLES, THESEE, GEOLIER.

Ariadne.

Dv sort iniurieux la rancune & la haine,
Brassent tousiours du mal à l'innocence humaine,

Celle qui par le chef ne porte pour atour,
Que des serpents tressez qui leur flottent autour,
La troupe des fureurs aux mortels ennemie
Ne sommeillent iamais dans la salle blesmie,
Du nocturne Palais, tout le malin troupeau
Nous regarde tousiours quelque encombre nouueau,
Fortune sur nos chefs aueuglement se rouste,
Or' haut, or au milieu, or au bas de sa boule
Quel bon-heur qui nous flatte vn astre dans les Cieux,
Nous aguette tousiours d'vn œil malicieux,
Iupiter d'vn clain d'œil les empires renuerse,
Et des mieux fortunez les grandeurs bouleuerse,
Vn exemple inoüy par les siecles passez,
Vn monstre de mal-heur le nous apprend assez,
Crete de cent citez richement populeuse,
Crete sur les citez du monde glorieuse
Qui n'aguere en bon-heur les cieux mesme excedoit
N'aguere la fortune entiere possedoit,
Des astres plus benins sainctement assemblee,
Se voit en vn clain d'œil d'aduersité comblee,
Mon frere en qui mon pere aagé se reposoit,
En qui l'espoir du peuple entierement gisoit,
Soulas de la patrie & son amour vnique,
Passé de son Printemps en l'antre Plutonique,
Il est mort & mal-heur, nostre sang peu second,
Ne laisse à tant de biens vn heritier second,
Minos n'a plus de fils futur Prince de Crete.
Et les Dieux! ha ma voix dans l'artere s'arreste,
Le poulmon me deffaut, & mon palais perclus
Ne veut, n'ose, ne sçait esclorre le surplus,
Et les Dieux mais plustost les horreurs Stigiales,
Les fureurs ont pollu les entrailles Royalles,

D'un prodige enfanté conçeu d'vn mesme sang
Que ie suis & porté neuf mois en mesme flanc,
Horrible monument d'vne honteuse flame
Qu'vn silance eternel doit sauuer de diffame,
Encores les destins ne se contentent point,
Vn plus piteux esclandre à cestuy-cy se ioint.
Ce monstre ne se paist que du sanglant massacre,
Que l'iniure du ciel à sa fureur consacre,
Son bruuage est de sang, vn hommage annuel
Doit fournir de viande à son repas cruel,
Et nous sommes contrainéts de meurtrir, miserables
De l'essance des Dieux les pourtraicts venerables,
Violer leur image & donner à la faim,
De ce monstre glouton vn sacrifice humain,
La pitié me transit, ie me sens offensée
Repassant tel horreur en ma triste pensée.
Et ie iure le ciel où mon esprit mal sain,
Possible enuoyera ceste complainte en vain,
Qu'il me desplaist de viure à tel mal-heur contrainéte
Que d'vn trespas soudain l'ineuitable attainte,
M'allegeroit beaucoup, si mourant ie pouuois,
R'achepter ses pauurets qu'au supplice ie vois,
Quoy les faire mourir, s'ils ne sont pas coulpables,
Dieux de tant d'iniustice estes vous bien capables,
Estes vous si cruels, mais quel bruict impourueu
Suruient à mes regrets, ô grands Dieux qu'ay-ie veu!
Voyla ses innocens qu'au suplice on prepare,
Arrestez inhumains, voyez troupe barbare
Quel mal on vous fait faire, & par les Dieux voyez
A quelle impieté vous estes employez,
Qu'ont forfait ses pauurets, quel suplice les meine,
Au tourment preparé de leur future peine.

Les gardes.

Nous n'enquerons cela, ne nous chaut de sçauoir
Ce qu'ils ont perpetré, ce n'est nostre deuoir,
Madame nostre charge enioint de satisfaire
Au mandement du Roy & son vouloir parfaire,
Iustes ou criminels, à tort ou par raison,
Ils nous les faut traisner au creux d'vne prison.

Ariadne.

Que faictes vous bourreaux

Vne fille.

bé Madame de grace,
Qu'en vostre cœur pour nous la pitié trouue place,
Preseruez nostre chef de l'eminant trespas,
Que nostre corps ne serue au monstre de repas.

Ariadne.

Par les Dieux coniurez, par la foy d'innocence,
Par mon authorité dont tous prendrez licence,
Laschez les mes amis, de graces les laschez,
Et d'vn si lasche exploit vos dextres ne tachez.
Obligez mon amour si vous craignez mon pere,
Ie vous exempteray des traicts de sa cholere,
Pour vous seruir d'asile encontre ce danger.
Ie donneray mon chef à fin de vous pleger.

Les gardes.

Contraincts d'executer ce que le Roy commande,
On ne peut accorder vostre saincte demande,
Rebelles à Minos nous serions criminels,
Les crimes au surplus qui sont tous personnels
Ne se peuuent pleger, cette faute commise,
Pour vostre caution ne seroit pas remise,
Nos chefs en patiroient

Thes

Thesee.
Ayez pitié de nous.
Ariadne.
Ses souspirs, ses accens si piteux, & si doux
Ne vous amoliront, ces beautez si diuines
Ne seront point d'effort à vos dures poictrines

L'vn des gardes.
Voulez-vous en leurs liens vous rendre prisonniers,

Deux des gardes.
Nenny.

Premiere garde.
Et vous,

L'autre garde.
ny moy,

Ariadne.
ô rochers mariniers,
Fiers Tygres du Caucase! ha que mon ame endure
Au souuenir affreux de leur proche torture.

Les gardes.
Mais nous sommes icy trop long temps demeurans,
Allons il faut venir,

Thesee.
dieu nous suiurons tyrans.
Adieu Madame, Adieu, Iupiter recompense
Les vœux signifiez de si rare clemence,
Vostre faueur monstree en l'offre seulement,
Comme en l'effect vsee m'oblige egallement.

Ariadne.
Faut-il donc que les Dieux soient subiets à la Parque,
Destin, qu'en ces effets ta fierté se remarque.

Les gardes.

C'est trop.

Thesee.

Adieu Madame,

Ariadne.

Adieu gloire du iour,
Merueille de Nature, & chef-d'œuure d'Amour,
Qui reprochez aux Dieux l'iniustice & le blasme
D'auoir leur propre sang fait bassin d'vne lame,
L'amour & la pitié de contraires façons
Me blessent à la fois de flame & de glaçons,
La pitié fait couler en mes veines glacees
Les tyranniques morts à leur chef menassees,
Et l'Amour d'autre part vient tenter mes esprits
D'vn assaut impourueu nouuellement surpris,
L'obiect abandonné d'vne diuine idole
Qu'absense de mes yeux du souuenir i'accole,
Va d'vn doux entretient mon ame repaissant;
Son brandon trop épris, bien qu'à peine naissant
Fait monter au cerueau ne sçay quelle fumee,
Par les soufflets d'Amour plus en plus allumee;
Que ses yeux me sembloient plains d'amoureux appas,
Le Soleil dans les Cieux plus beau n'esclaire pas,
Et ses cheueux dorez se pourroient bien descrire,
Comme les rais du iour quand l'aube se retire,
Comme les poils d'Adon qui garrotent Cyprie
D'vn nœud tel que celuy dont mon courage est pris,
Tel que le doux lien de mes cheres cadesnes,
De mon martyre doux, de mes plaisantes peines:
Mais que fay-ie incensee, & quel aueugle erreur
Me vient precipiter au temps de ma fureur,

I'affecte l'impossible, vne poudreuse lame
Doit bien tost s'emparer de l'obiect de ma flame;
Laisser veuf mon amour, il ne faut persister
En semblable manie, ainçois luy resister;
Delaisse donc, mon cœur, ceste friuole attante,
Aplique le remede à ta playe recente,
Empesche de ramper ce poison plus auant,
Esperant vn hymen, c'est pour chasser le vent;
Le decret du Destin à ton vœu contrarie,
Surmonte donc mon cœur, surmonte ta furie,
Vise à quelque autre but, & d'vn contraire cours
Vers vn phare plus seur fais singler tes amours.
Helas ! qu'à tel dessein m'est libre la parole,
Mais l'effaict est contrainct sous le Dieu qui m'affolle,
Ardante de vouloir, de force ie deffaux,
A surmonter d'amour les continus assauts,
Ie brusle, ie peris, puissans Dieu d'Idalie,
Relasche vn peu les nœuds dont ta corde me lie,
Alante le brasier, modere moy ton feu,
Et me donne loisir de respirer vn peu,
Derechef, derechef, doux enfans de Cythere,
Toy, que l'onde, la terre, & que le Ciel reuere,
Qui commandes aux Dieux, qui forces Iupiter,
Sous ton joug le tonnerre & l'Egide quitter,
Seul fais ce qu'il te plaist, seul peux mettre en ruyne
Ce grand Tout comme seul, tu en fus l'origine,
Fauorise à mes vœux, assiste, assiste moy,
D'vn prospere succez efface mon esmoy,
N'espargne ton secours à l'image naïue
De tes beautez, qui ja touche l'ombreuse riue,
Deualer au cercueil, Amour ne le permets,
Ce pauure prisonnier en liberté remets,

E ij

Exploit qui te sera de bien peu d'entreprise:
Est-ce toy qui força le bastion d'Acrise?
Fis bresche à ses ramparts, bien que leur bastiment
Fut maçonné d'airain & non pas de ciment:
Brise donc ses prisons, Amour ie te reclame,
Arrache des liens ce larron de mon ame:
Mais ô vaine priere, inutile recours,
Il me faut de moy-mesme emprunter le secours,
Attendre ce bon-heur de quelque ayde visible,
Chercher en mon esprit quelque moyen possible,
Bander tous les ressorts de mon invention
Pour paruenir au but de telle intention,
De rompre cette tour si munie & si forte,
Il faudroit des soldats, vne entiere cohorte,
Outre que nos vassaux leurs chefs n'exposeroient,
A semblables dangers aucuns ne l'oseroient,
Sans doute tel remede est bien loin d'apparence,
A celuy qui ne sçait se nourrir d'esperance:
Mais quel autre moyen seroit mieux medité,
D'apporter vn embusche à la fidelité?
De tant d'Argus commis à la garde soigneuse,
L'entreprise me plaist, elle est moins perilleuse,
L'amorce des presens a beaucoup de pouuoir
Pour corrompre la foy & tromper le deuoir,
L'or penetre par tout, & sans beaucoup de peine
Fait passer auec luy tout cela qu'il emmeine,
Soit vice, soit vertu, bien-veillance ou rancœur,
Il n'est rien à quoy l'or ne dispose le cœur,
I'offriray ce que i'ay de precieux & rare
Pour esblouïr les yeux de leur esprit auare,
Ce diamant tiré du pactole perilleux,
Choisi sur les plus beaux de son bord graueleux,

Ce ruby dont l'esclat semble ietter des flammes,
Et le riche thresor de ses perleuses trames,
S'ils veulent leur faueur en mon ayde employer
Tout ce que ie possede en sera le loyer:
Mais si leur cœur loyal ne m'est pas exorable,
Soubçon hors de propos qui n'est pas vray semblable,
Toutesfois il se peut, la crainte du tourment
Qui leur faict découuert, leur garde asseurément,
Les retiendra forclos d'esperer vn asile
Contre l'ire du Roy, ce qui n'est pas facile:
En ce cas mon esprit au fonds de son sçauoir
Ne sçait à quel remede autre recours auoir;
En ce cas au cachot qui ses pauurets enferme,
De sa mort & la mienne il attendra le terme,
L'homme demy Taureau l'engloutira viuant,
Et mon ame l'ira dans l'Auerne suiuant,
Le fer & le poison m'en presteront l'office
Pour payer à l'Amour ce sanglant sacrifice.
Celestes, empeschés : mais il m'a semblé voir
Le Geolier, aydez moy, grands Dieux à l'esmouuoir
Ie te reclame Amour, & toy Reyne d'Erice,
Prepare moy son cœur alteré d'auarice,
Dispose son esprit à receuoir le don
Qu'au secours emprunté ie promets de guerdon;
Ainsi quel bon dessein s'entretient à ceste heure?

Geolier.

I'aduise si la tour de toutes parts est seure,
Les grilles, les guichets, & si quelque deffaut
En toute la prison reparer il me faut.

Ariadne.

Ne deplore-tu point la funeste aduanture
De ce peuple innocent & leur perte future,

Geolier.

Vrayement au souuenir i'en herisse d'effroy,
Toutefois si leur sort est au vouloir du Roy,
Les Dieux les destinoient au monstre de pasture.

Ariadne.

S'ils pouuoient euiter leur cruelle torture,
En serois-tu content?

Geolier.

Ie serois esiouy.
Sans doute si i'auois leur deliurance ouy,
Comment? Minos veut-il leur supplice remettre,
Satisfait de les voir à sa mercy soubmettre?

Ariadne.

Ie pense le Tyran bien loing de tel aduis.

Geolier.

Comment, seront-ils donc à la parque rauis?

Ariadne.

Si tu veux seconder auec moy, pitoyable,
De mon sacré dessein l'entreprise loüable.

Geolier.

Excepté le deuoir qui m'oblige à la foy,
Vostre commandement peut disposer de moy,
Ne doubtez de mon ayde, elle vous est permise.

Ariadne.

De tous ses condamnez la charge t'es commise,
Tu portes mesmes icy la clef de la maison,
Ouure quand il te plaist & ferme la prison.

Geolier.

Il est vray, ie puis seul disposer de la porte.

Ariadne.

Donc ie te veux ouurir vn secret qui m'importe,
Auec condition du silence promis.

Geolier.
Madame sans danger, il me sera commis.
Ariadne.
Vn de ses innocens destiné à la parque,
Vn qui pour sa beauté parmy tous ce remarque,
D'assez riche stature, & d'vn port plus diuin
Que les vrais immortels compagnons de Iupin,
Vn Adon, vn Archer, second fils de Cyprine,
D'vn traict inopiné m'a blessé la poictrine,
Esbloüissant mes yeux de ses perfections,
A gaigné si auant dans mes affections,
Que ie suis toute en luy, ne parle, ne respire,
Que l'espoir d'vn hymen où mon amour aspire,
Ne pouuant que par toy ce bon-heur acquerir:
Humble ie viens icy ta grace requerir,
Sans que rien du complot paroisse en euidence,
Tu peux secretement comme par imprudence
Laisser la porte ouuerte & lascher mon Amant,
Ie t'offre de guerdon ce riche diamant.
Geolier.
Que i'expose mon chef pour luy donner la vie,
De telles charitez oncques ie n'eus enuie.
Ariadne.
En fuyant auec nous, tu ne peux encourir
Esloigné de ces bords le danger de mourir,
La fureur de Minos tu n'auras plus à craindre,
Geolier.
Les longues mains des Roys peuuēt par tout atteindre,
Ie serois insensé de courre en vn exil
Tousiours accompagné de crainte & de peril,
Attendre de mon Roy, l'attente redoutable,
Et de ma persidie vn salaire equitable.

En tout autre sujet mon service est à vous.
Ariadne.
Tu ne veux te commettre à mesme sort que nous,
Courir mesme aduanture, & receuoir commune
Apres nos maux finis, la prospere fortune,
Ouy, ie iure le Ciel, tu auras mesme part
Au bon-heur aduenir.
Geolier.
i'y vois trop de hazard.
Ariadne.
Il n'est rien plus aysé sur tout, veu que personne
D'entreprise pareille icy ne te soubçonne,
Ne l'oseroit penser, ny croire le voyant,
Quand la nuict ses rideaux obscurs va desployant,
Qu'au regne de Morphé tout taciturne & sombre,
On n'entend, on ne void, on ne touche que l'ombre,
Tu pourras auec luy secrettement sortir,
De là peur de nostre Isle incontinent partir,
Vn Nauire appresté sur la riue prochaine,
Sera prest à flotter par la vagueuse plaine.
Geolier.
Voila tres-bien pourueu, si cela succedoit,
Si le vouloir du Ciel au vostre respondoit:
Vostre esprit tout le faict subtilement dispose,
Non qu'à cela pourtant mon courage s'expose:
Ie suis vn peu timide, adieu, ie sens la faim
Des captifs qui m'appellent à leur donner du pain.
Ariadne.
Tu m'esconduis barbare, au moins ne me decele.
Geolier.
Vous me verrez secret autant comme fidelle.

Ariadne.

Et tu me permettras de voir ce prisonnier?

Geolier.

Mon office ne peut cela vous denier.

Ariadne.

Que l'oreille du Roy n'en soit point advertie;

Geolier.

Vous avez en secret, l'entrée & la sortie.

Ariadne.

Allons voir ce chetif, allons luy discourir,
Disons luy que mon ame avec luy veut mourir.
Si quelque Dieu propice en si dure misere
Ne s'offre de guerir mon mal qui desespere.

ACTE CINQVIESME.

PHEDRE, ARIADNE, THESEE, MINOS, TROVPE, DEDALE, NOCHER.

Phedre.

Dites-moy chere Sœur, quel soucieux nuage
Vous fait ternir les yeux & palir le visage,
D'où partent ces souspirs, dittes-le hardiment,
Ma sœur, i'y trouveray possible allegement.

Ariadne.

Phedre, ma chere sœur, tu sondes vne playe
Contre qui vainement sont remede s'essayet,
Ie travaille d'vn mal qui traine clandestin,
Peu à peu dans l'enfer mon malheureux destin;

Pauure ie porte au flanc la fleche decochee,
Qui par la seule mort s'en peut voir arrachee,
I'altere d'vne soif qui ne se peut tarir,
Ie brusle d'vn poison qui ne se peut guarir.

Phedre.

Ieune d'ans & d'esprit, d'experience nuë,
Telle sorte de mal encor ne m'est cogneuë:
Mais si la coniecture icy ne me deçoit,
Vn euident martyre en vos yeux s'apperçoit,
Comme d'vn mal secret ainsi que la figure
D'vne douleur d'esprit, c'est cela que s'augure,
Vn Aueugle Archerot dont le phantosme aislé,
Encor ne m'a iamais qu'à l'oreille volé,
Vn petit Dieu d'Amour vn Enfançon volage,
Seiourne coustumier au printemps de nostre aage,
N'est-ce là vostre mal, vous changez de couleur.

Ariadne.

Ha que tu trouues-bien le lieu de ma douleur,
Il est vray, ie mourray des passions bourrelles
Qui ragent là dedans au fonds de mes moüelles,
Ie suis au desespoir pauurete, helass! ie suis
Au precipice affreux d'vn occean d'ennuis.

Phedre.

Amour n'est qu'vn tourment de chatoüilleuse braise,
Que bien peu de liqueur facilement appaise,
Ie le dis pour l'auoir tant seulement ouy,
Ce feu perd ce desir quand il en a ioüy:
Pourquoy ne tachez-vous que telle rage alleinte
D'vn refrigere doux son ardeur violente?

Ariadne.

La Parque tient captif le remede benin,
Qui seul peut addoucir mon amoureux venin.

Phedre.
Que dites-vous ma sœur, vous cherchez dans la biere
L'embrassement d'vn corps qui n'est plus que poussiere.
Ariadne.
Il m'eust autant vallu dans la tombe choisir
Quelque fantosme à qui se voüast mon desir :
Radamante autant vault parmy les siens enrole
Le glorieux tyran qui ma franchise vole.
Phedre.
Quoy? le tombeau prochain menace vostre Amant.
Ariadne.
De son trespas certain i'espie le moment.
Phedre.
Apprenez moy qui c'est, est il de cette serre?
Ariadne.
C'est vn Athenien que la prison enserre,
Vn de ses innocens que l'iniure du sort
Et le courroux des Dieux vont liurer à la mort.
Thesée au nom sacré dont la foy reueree
Graue vne saincte image en mon cœur reueree,
Thesée des beautez, modele precieux
Que la mere Nature a desrobé des Cieux;
Et que l'Olympe mesme auoüroit de sa race,
Si les destins amis interinoient sa grace,
Qui viuroit immortel si la gloire d'amour,
D'enuie & de courroux ne l'exiloit du iour.
C'est luy Phedre, c'est luy, dont la celeste face
Empreinte incessamment me renflamme & reglace;
Ores m'esprend d'amour, & au mesme moment
Me remets à l'horreur de son prache tourment;
Mais i'ay dequoy ma sœur, lamenter ma misere;
Mais i'ay dequoy blasmer ma fortune seuere.

F

Phedre.
Rien ne seruent icy, les souspirs & les pleurs,
Il faut auoir recours à des moyens meilleurs
L'amour ne manque point d'inuention subtile.
Ariadne.
Helas! i'ay tout tenté, mais tout m'est inutile,
I'ay roulé dans l'esprit mille & mille desseins,
Qui tous ont auorté, tous sont demeurez vains;
I'ay vainement tendu ma trompeuse cordelle
A l'ame du Geolier cruellement fidelle,
Ses ioyaux precieux ie luy ay tous offerts
Pourueu que mon amour fust arraché des fers;
Le tygre a faict le sourd, ma suppliante bouche
N'a trouué qu'vn rocher, rien qu'vne dure souche,
Ie n'ay rien obtenu que d'entrer seulement
Au cachot tenebreux qui cache mon Amant.
Là desbondant mes yeux en vn fleuue de larmes
I'ay donné de l'amour les premieres alarmes
I'ay ma sœur, ie vous prie, que cecy soit couuert.
Phedre.
Ne craignez que par moy tel secret soit ouuert.
Ariadne.
I'ay mes feux allegé, i'ay soulagé mes peines
En arrousant de pleurs les pesantes cadeines
En baisant ses beaux yeux dignes d'vne Cypris,
Qui d'amour mutuel se sont rendus espris,
Au mal que i'ay pour luy sa torture est égale,
Il n'est fasché d'aller en la demeure pasle
Que pour moy seulement, & en perdant le iour,
Il iure perdre moins qu'en perdant mon amour;
Creue-cœur qui redouble en mes passions sainctes,
D'amour & de pitié les mortelles atteintes.

Phedre.

Vrayement vostre accident est digne de pitié,
Que ne puis-je assister vostre saincte amitié,
En fin n'avez-vous rien inventé de remede
A toute extremité qui bien ou mal succede.

Ariadne.

Comme quand la tempeste & la fureur des eaux
Demaines çà & là les naufrages vaisseaux,
Qu'on desespere tout, que l'onde penetree
Par tout où les rochers luy ont brisé l'entree,
Surcharge le nauire & qu'un second escueil,
En fin dessous les eaux luy caue le cercueil,
Les Nautonniers espars sur les vagues profondes,
Rebattent vainement la surface des ondes,
Cestuicy prend un aix arraché du plancher,
L'un au mast, l'autre vient au timon s'attacher,
Mais rien, tout cet effort aux pauurets ne profite
Qu'à passer de ses flots dans ceux-là du Cocyte,
Ainsi dans vne tour que l'orage de Mars,
De flammes & de fers enceint de toutes parts
Chacun tasche à fuir, on auance, on recule,
Ca la main à la fin tout ce tue, ou se brusle.
Tous remedes sont vains, bien qu'on ne laisse pas
D'y tascher iusques au poinct extréme du trespas.
De mesme nostre amour qu'un foudroyant orage
Desespere du port qui touche le naufrage,
Nostre amour ruiné essaye vainement
D'euiter au moment du proche monument.
Sur le bord du tombeau desolee & confuse,
Inuente à le sauuer vne grossiere ruse,
I'imagine vn moyen pour le faire euader,
Qui de bien peu d'espoir me peut persuader.

F iij

Phedre.

Possible que le Ciel vous sera fauorable,
Et contre tout espoir le rendra profitable,
N'en desesperez point sans l'auoir esprouué:
Mais quel est ce remede à l'extreme trouué.

Ariadne.

Auiourd'huy mon Thesee auec sa ieune bande
A ce monstre glouton doit seruir de viande,
On le doit emmener dans vne obscure tour,
Qui a cent lieux d'entree, & pas vn de retour:
C'est au creux Labyrinthe, ouurage inimitable,
Qui ne doit pas sembler aux nepueux veritable,
Dedale ingenieux l'a si bien compassé,
Qu'apres l'auoir de l'œil mille fois repassé,
Suiuy tous les sentiers, artifice admirable,
On le trouue tousiours par tout irremeable,
Dans ce cachot Minos le monstre recela,
Il faut que mon amant soit retiré de là,
S'il domptoit le Taureau, & que nostre artifice
Sur l'Autel de Pluton en fit le sacrifice.

Phedre.

Le moyen qu'il vainquit vn monstre si puissant.

Ariadne.

S'il le va d'vn venin funeste repaissant,
I'ay choisi du poison dont la prompte efficace
Le doit mort renuerser estendu sur la place,
Vn poison plus pressant qu'onque Circe ne fit,
C'est ce gasteau de miel & de sucre confit,
Qui monstrera soudain sa force ennemimee,
Precipité d'abord dans la gueule affamee,
Du Prodige beant, & luy tenans le cœur,
Laissera mon Thesee heureusement vainqueur.

Phedre.

Ceste ruse me plaist, & monstre à mon courage
De quelque bonne issue vn apparant presage.
Sans doute le prodige esguillonné de faim,
A l'abord furieux deuorera ce pain :
Mais quel remede apres que vostre amant ressorte?

Ariadne.

Attachant ce filet à la premiere porte,
Par vn chemin certain sa route il gardera,
Puis au retour sa main le fil desuuidera,
Suiuant de pas en pas au train de la cordelle,
Du sentier desia faict la conduicte fidelle,
Trouuera la sortie, & de là puis apres
Se rendra dans la nef qui nous attend expres,
Compagne de sa suitte en la terre & en l'onde,
Son precieux object ie suiuray vagabonde.

Phedre.

Le complot est subtil, & la faueur des Dieux
Le fera reüssir i'espere à vostre mieux :
Mais ma sœur mon amour est offencé d'entendre,
Que vous voulez partir sans compagne me prendre :
Ie veux auecques vous mesme risque courir,
Auoir tousiours commun le viure & le mourir.

Ariadne.

L'affaire reüsse nous pouruoirons au reste,
Ha! que ce n'est pas là ce qui plus me moleste,
Les Dieux veulent en bien l'affaire disposer,
Cependant l'heure est preste qu'on le doit exposer;
Ie m'en vais le trouuer, & d'espoir al usée
Ce remede inuenté presenter à Thesée,
Ie vais trouuer son cœur & son corps prisonnier,
Où ie croy luy donner l'embrassement dernier.

Phedre.

I'y veux aller auſſi, ſi ſans eſtre importune,
Ie le puis auec vous courant meſme fortune.

Ariadne.

Ma ſœur vous obligez par trop mon amitié:

Phedre.

Ie doy de vos trauaux endurer la moitié,
Nature qui nous a dans meſme flanc moulees,
Nature qui nous a de meſme laict ſaoulees,
Le nous apprend ainſi, & les bontez par ſois
D'vn inſtinc ſans raiſon gardent les meſmes loix.

Ariadne.

Aduançons donc ma ſœur, & ſages prenons garde,
Qu'aucun œil curieux nos ſecrets ne regarde,
Nous approchons la tour, & ſi l'œil ne me faut,
I'apperçoy mon Amant qui nous guigne d'enhaut:
Icy commodement ſans eſtre découuerte
Ie le puis aboucher par la feneſtre ouuerte:
Voicy mon doux ſoulas le remede appreſté,
Ainſi qu'à te ſauuer nous l'auons arreſté,
Entrant au Labyrinthe il faudra que tu tienne,
Ce fil & que par luy de ſon creux tu reuienne,
L'attacher à la porte & en tenir le bout,
Ainſi tu peux aller & reuenir par tout,
Au reſte ce poiſon d'incomparable force,
Où l'ay meſlé du ſucre & du miel pour amorce,
Seulement de l'odeur le monſtre eſtouffera,
Exploict que la valeur de ta dextre fera
Par les Dieux fauoris, & plus que ie n'eſpere,
Amour à nos trauaux ſe monſtrera proſpere.

Thesee.

Auez vous bien daigné de moy vous souuenir,
En ce lieu maintenant hazardeuse venir,
Tant pener au soucy de rompre mon supplice,
Ha ! parque ores vraymens j'abhorre ta malice;
J'accuse ta rigueur, ie ne puis m'empescher
D'iniurier les Dieux & ne croys pas pescher;
Qu'vn si pieux trauail n'aura point de salaire,
Donc le Ciel ne craint point Amour de te desplaire,
Le destin te maistrise, & le Ciel veut auoir
Des trophees sur toy, n'as-tu plus de pouuoir,
Non, non, le Ciel se trompe, & le Ciel & la Parque
Auant que de charger l'Acherontide barque,
I'espere guerdonner nos amoureux trauaux,
I'espere de finir la trame de nos maux ;
Ie triomphe du monstre, autant vaut ma Déesse,
Que la peur desormais pour cela ne te presse.
Ton secours employé m'en rendra le vainqueur,
Amour vient m'inspirer telle esperance au cœur.

Ariadne.

Le Ciel vueille accomplir ton bien-heureux presage.

Phedre.

Ie vous en prie, ô Dieux ! du plus pur du courage.

Thesee.

Quelqu'vn s'en vient à nous, on ouure la prison,

Ariadne.

Cachez donc maintenant ce fil & ce poison,
Ce sont là les bourreaux ;

Thesee.

     retirez-vous Madame,
Qu'ils ne puissent cognoistre & rompre ceste trame :

G

Tandis prenez le soing qu'au rivage prochain,
Vn vaisseau soit tout prest pour demarer soudain.
Ariadne.
Allons le preparer, ha! ma sœur i'apprehende,
Qu'en vain tant de valeur au mal-heur se deffende.
Minos.
Qu'on meine ce butin au monstre preparé,
Ce trouppeau qui doit estre auiourd'huy deuoré,
Execrables martirs de vos parens perfides,
Abreuuez les Enfers de vostre sang auides.
La trouppe.
Redoutable Monarque ayez pitié de nous.
Minos.
Promptement, vn à vn qu'on les y liure tous,
Toy qui sçait les destours, amaine les Dedale,
A la bouche du Monstre.
Dedale.
engeance desloyalle!
Entrez, suiuez serpens, tu me veux escouter,
Si te faut-il la faim du Prodige saouler.
Thesee.
Puis que vostre rigueur veut immoler nos vies,
Qu'en moindre desespoir elles nous soient rauies,
Au moins vostre pitié nous deut auoir permis,
Auec quelque deffence estre au suplice mis,
Resistant, quoy qu'en vain, d'vn arc ou d'vne lame,
Ainsi s'enuoleroit plus contente nostre ame.
Minos.
Qui de la main plus forte le Monstre domptera,
Qui par tant de destours vainqueur ressortira,
Non par autre moyen finira son suplice.
Thesee.

Vangerons sur ton chef le sang de nos enfans,
Et sortirons bien tost du monstre triomphans.
Minos.
Qu'on les traine dedans, & qu'on les abandonne
Au monstre & à la faim, sans secours de personne.
La trouppe.
O accident estrange, ô merueilleux effort,
Le monstre est asserré, il gist par terre mort;
L'auoir peu renuerser des l'atteinte premiere,
Thesee.
Donc les Dieux d'vn prodige ont purgé la lumiere,
Vous venez immortels nostre sang deliurer,
Du monstre que la parque en vouloit enyurer,
Pour nous auoir recous de nos prochaines tombes,
Vos Autels fumerons de cent mille hecatombes,
Cest obstacle deffait, reste tant seulement,
De suiure mon fil es & sortir aisément.
La trouppe.
Courage incomparable, & d'essence diuine,
Qui seul nous a recous de la parque voisine,
Le Ciel soit son loyer, & puisse son renom
Premier dans l'Vniuers ternir tout autre nom.
Thesee.
Amis vostre salut aussi cher que ma gloire,
Me flatte d'vn plaisir impossible de croire,
Le pays desolé nostre retour n'attends,
Qu'il me tarde que ia ceste ioye il n'entends;
Or sus allons pouruoir que l'on trouue vn Nauire,
Qui de ses bords cruels promptement nous retire.
La trouppe.
Au plustost vn vaisseau tout proche sera prest,

G

Thesee.

Aduancez, apres vous ie ne feray d'arreſt,
Reſte de redonner l'exploict à mon Idole,
Que la peur du ſuccez incertaine luy vole,
Qui n'eſpere de voir le deſſein reüſſi,
Comme vn ſi grand danger ne promettoit auſſi.
Ha! la voicy venir toute deſcoleree,
D'vn Enfer de frayeurs dans l'ame deuoree.

Ariadne.

Qu'attan-ie plus chetiſue à me donner la mort.

Phedre.

Qu'encor vn peu d'eſpoir vous ſerue de confort.

Ariadne.

Ie ſens de tout eſpoir ma flamme abandonnee.

Thesee.

Icy les yeux, Madame, elle accourt eſtonnee.

Ariadne.

Eſt-ce toy mon Theſee, eſt-ce toy qui reuiens,
Du ſentier de l'Auerne, eſt-ce toy que ie tiens?
Donc le Monſtre eſt vaincu par ta valeur ſupreme.

Thesee.

L'honneur d'vn tel exploit n'appartient qu'à vous meſme;
A ce diuin eſprit dont le rare ſçauoir
En cela m'a donné l'adreſſe & le pouuoir.

Ariadne.

De ſes lacs chatoüilleux ne flatte point mon ame.
Seulement nous deuons remercier ma flamme;
L'excez de mon Amour qui m'a fait inuiter,
Ce que mon deſeſpoir euſt bien oſé tenter,
Mais n'eſt-tu point bleſſé, ie crains que ta conqueſte
De quelque coup de dent funeſte ne s'achepte.

Thesee.

Grace aux Dieux ie ne suis d'aucune playe atteint,
Plustost que m'aborder le monstre fut esteint :
Car le poison ietté dans sa beante bouche,
L'affoiblit aussi tost, & par terre le couche,
En moins d'vn tournemain à mes pieds il mourut,
Tant le venin soudain & subtil apparut :
Le prodige dompté, la trace ressuiuie,
Selon vostre conseil m'a remis à la vie :
Ainsi d'oresnauant ce que ie vois le iour
Est par vous ma Deesse, & par l'ayde d'Amour :
Ainsi iamais ingrat, tout le cours de mon aage
A vos sainctes faueurs i'en payeray l'hommage.

Ariadne.

Ie ne veux de loyer pour ce bien faict receu,
Sinon que mon Amour ne soit iamais deceu,
Que saoulé de mes feux, volage tu n'appette
Vn nouuel hymenee & le mieu ne reiette.

Thesee.

Que le cours du Soleil ne soit plus reuolu
Sur mon coulpable chef de tel crime polu,
Que les Cieux choleres d'vn foudroyant tonnerre
Cachent ma perfidie au centre de la terre,
Donnez moy ceste main, ie iure le Soleil,
La puissance d'Amour & les rais de vostre œil,
Que iamais ma pensee ne sera si prophane,
D'aymer vn autre objet pour quitter Ariadne,
Par l'hymen dont ie prens à tesmoin tous les Dieux,
Pa l'Amour Deité, bourgeoise de vos yeux,
De n'admettre iamais en ma couche fidelle,
Que l'Amour d'Ariadne, & n'aymer que pour elle.

Ariadne.

Ta promesse m'asseure & chasse les soubçons,
Au surplus nostre suitte au plustost amansons,
La nef preste à singler sur la moiste campagne
Nous attend,

Phedre.

en tous lieux ie vous seray compagne
Ne me veillez ma sœur de grace abandonner.

Thesee.

Amour vrayment pieux, qui me faict estonner,
Comment de nos erreurs la route dangereuse
Ne vous effraye point, vous n'estes point peureuse.

Phedre.

Ie ne redoute point le courroux de la mer,
Deusse-je sur le port auec vous abismer.

Thesee.

Allons donc chere sœur, si le Ciel fauorable
Nous fait toucher les bords de nostre terre aymable,
Nous trouuerons dequoy colloquer vn Amour,
Possible dignement autant qu'en ceste Cour,
Sçachant bien que sur tous vous meritez l'élite,
Ie brigueray ce bien à mon chaste Hypolite,
Possible que vostre œil present à cest object
En fera naistre au cœur quelque amoureux project.

Phedre.

Son renom glorieux esclattant de merueille,
Sous vn Zephir d'Amour m'auoit frappé l'oreille,
Quelques traits impourueus qu'il m'a peu decocher,
Me font naistre vn desir ardant de l'approcher.

Thesee.
O moy le plus heureux que le Soleil regarde!
Ariadne.
Mais dés-ja ce propos trop long temps nous retarde.
Nocher.
Le vaisseau nous attend tout prest à demarer.
Thesee.
Quelle terre aujourd'huy pouuons nous esperer?
Nocher.
Sous le vouloir des Dieux si le vent continuë,
Nous prendrons port à Naxe,
Thesee.
        ha! l'isle m'est cogneuë.
Ariadne.
Depeschons de partir, sortons secrettement,
Puis que rien ne s'oppose à nostre partement.
Phedre.
Adieu mon pere, Adieu.
Thesee.
        allez qu'on se depesche,
Ariadne.
Gardons bien que le Roy nostre fuitte n'empesche.
Minos.
O rage, ô desespoir, ô comble de malheur,
Qu'on equipe des Naux pour suiure ce voleur;
Ha Corsaire snorté de l'infernale rage,
Aux Manes de mon fils dépouïller leur hommage,
Ruiner ma grandeur, & de mon sang Royal
Tout le reste enuahir par vn rapt desloyal,
Mes filles enleuer, mes deux filles si cheres,
Vnique allegement du poix de mes miseres;

Qu'on coure depuis l'aube à l'Occident glacé,
Que tout Neptune soit de nos vaisseaux tracé,
Qu'on prenne ce brigand, qu'à mes yeux on l'amende,
De tant d'impieté prendre la iuste peine,
De suplices vengeurs appaiser ma rancœur!
Ha le dueil tient ma voix & me serre le cœur.

FIN

www.ingramcontent.com/pod-product-compliance
Lightning Source LLC
LaVergne TN
LVHW022144080426
835511LV00008B/1253